AF267182

LE ROI

PAR

M. ARMAND FRESNEAU

ANCIEN DÉPUTÉ

PARIS

THÉODORE OLMER, ÉDITEUR

53, RUE BONAPARTE, 53

—

1877

LE ROI

PAR

M. ARMAND FRESNEAU

ANCIEN DÉPUTÉ

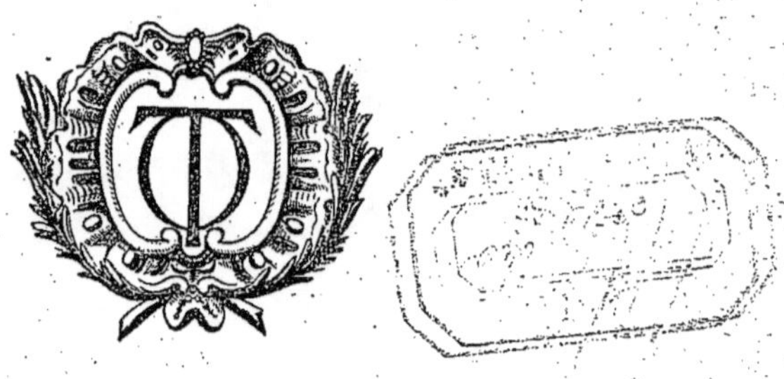

PARIS

THÉODORE OLMER, ÉDITEUR

53, RUE BONAPARTE, 53

1877

AVANT-PROPOS

Le titre de cet écrit n'a rien de factieux. Le mandat des députés que nous allons élire ne s'achèvera pas sans qu'ils aient été appelés à se prononcer sur le droit historique que l'on considère ici dans sa personnification présente.

Cette délibération peut être différée encore de trois ans, mais elle peut être aussi anticipée légalement de trois ans, c'est-à-dire arriver de suite. Il suffit pour cela que M. le maréchal de Mac-Mahon et le pays tiennent les institutions actuelles pour trop favorables au développement artificiel des préjugés révolutionnaires sous leurs deux principales formes à la fois : la forme bonapartiste et la forme radicale.

Ainsi l'heure, et l'heure précise des réflexions qu'on va lire est venue. Plus tôt, c'eût été trop tôt. La crise où nous nous trouvons jetés sans l'avoir demandée ni désirée, n'eût point encore été ouverte, ou tout au moins

l'approche du dénoûment n'eût pas mis comme aujour-
d'hui la France en demeure et en état d'user de la merveilleuse faculté qu'elle possède, de voir à certains moments loin et vite. Plus tard, ce serait trop tard. Lorsqu'on a écarté le Roi, que l'on avait dans son jeu, et que
l'on ne s'en trouve pas bien, si les règles permettent de
le reprendre, ce n'est pas après avoir perdu qu'il faut
user de ce droit, c'est avant. Le même raisonnement
s'applique à la nation qui, appelée à faire ses affaires
par elle-même dans les élections, a intérêt à les faire à
temps. Le moment manqué, nous ne l'avons que trop
expérimenté, s'expie par la souffrance.

L'esprit public est plus prêt qu'on ne croit à entrer
dans ce grave sujet. Certainement les Bonapartistes regardent comme possible de faire respecter et durer un
quatrième Empire; sans quoi ils ne seraient pas Bonapartistes. Et de même les Républicains pensent qu'en s'y
prenant mieux, on pourrait acclimater la République en
France; sans cela ils ne seraient pas Républicains. Mais
si l'on veut savoir ce qu'est, peut et vaut chez nous le
principe de la Légitimité, il ne faut pas se borner à en-
registrer les goûts, les préférences, les illusions, les rési-
gnations des Bonapartistes et des Républicains; il faut
encore ajouter à cette liste celle de leurs aversions et de
leurs appréhensions légitimes.

Deux éléments chez les Bonapartistes : un élément révolutionnaire et un élément conservateur. Et deux éléments aussi chez les Républicains : un élément révolutionnaire et un élément libéral.

Laissons un moment de côté les deux éléments révolutionnaires infailliblement destinés à s'entendre, sous l'inspiration de quelque prince démocrate destiné lui-même à dégoûter à tout jamais de l'Empire et de la République par l'alliance monstrueuse des déporteurs du 2 Décembre et des déportés. Nous occupant seulement de ce qui est gouvernable, nous posons cette question. Connaissez-vous beaucoup de Conservateurs Bonapartistes qui, entre la République à perpétuité et le Roi, ne préfèrent mille fois le Roi, malgré la perte de ce que le programme bonapartiste contient de révolutionnaire, et le plus souvent à cause de cette perte? Et de même parmi les Républicains libéraux, combien en comptez-vous qui ne préfèrent aux dix-huit années d'Empire que nous venons de traverser et aux suites de ces dix-huit années le Roi, malgré le sacrifice qu'il faudrait faire du radicalisme et malgré la douleur de M. Naquet, ou plutôt à cause de ce sacrifice et de cette douleur?

Les deux partis que les institutions de 1875 ont si bien servis, ne souffrent pas seulement de la peur effroyable qu'ils se font l'un à l'autre, ils souffrent d'un travail de décomposition intérieure qui les mine tous les deux.

Les Républicains se sentent frappés dans leur élément révolutionnaire, incapable de montrer son programme sans mettre le pays en fureur, et de le cacher sans mettre l'armée républicaine en déroute ; et ils sont également atteints dans leur élément libéral, réduit à marmoter les formules et à escamoter les conséquences des doctrines les plus anti-libérales qui furent jamais : tandis que de leur côté, les Bonapartistes regardent anxieusement leurs conservateurs campés, non établis dans des théories qui ne seront jamais les leurs, et leurs révolutionnaires à bout d'artifices et d'expédients pour retenir des hommes d'ordre dans un camp où précédents, politique, alliances, tout les blesse.

Avant que Bonapartistes et Républicains eussent fait ainsi des progrès auxquels se mêle, comme on voit, plus d'une tristesse, un grand acte de préservation pouvait être accompli.

Le lendemain du 5 août 1873, jour où le rétablissement de la légitimité devint par la reconstitution de la maison Royale un fait aussi certain que jusque-là il était difficile, rien n'empêchait que M. le maréchal de Mac-Mahon, au lieu de rester et de laisser les représentants de la France en villégiature, les rappelât immédiatement à Versailles et leur dît :

« Si vous m'aviez cru Bonapartiste, auriez-vous confié
« le pouvoir à mon honneur, vous, l'Assemblée la plus
« unanimement anti-bonapartiste qui se puisse rêver?
« Jamais. Et si vous m'aviez cru Républicain, aurait-on
« vu tous ceux qui ne veulent pas de la République ve-
« nir à moi, et tous ceux qui la veulent me fuir? Non.
« Ce n'est donc pas un mandat contre-révolutionnaire
« une fois, mais contre-révolutionnaire deux fois que j'ai
« reçu de vous contre le radicalisme d'une part, et de
« l'autre contre cet autre genre de révolution qui *con-*
« *duit à l'invasion, à la ruine et au démembrement de*
« *la patrie.*

« Mais si je ne puis à aucun degré personnifier l'Em-
« pire honorablement, et si d'autres personnifient mieux
« que moi la République, que me reste-t-il à personnifier,
« si ce n'est la Monarchie, à moins de ne personnifier que
« moi, ce qui n'est pas assez pour dominer des divisions
« intérieures, dont la prolongation nous conduit au sort
« de la Pologne?

« Un événement d'une portée incalculable pour notre
« pays vient de s'accomplir, non point mystérieusement,
« mais à la face du monde. Plus heureux et plus fort
« que ne le fut en 1851 mon illustre compagnon d'armes
« Changarnier, je puis vous dire à mon tour et efficace-
« ment cette fois : Délibérez, législateurs de la France,

— 8 —

« délibérez sur cet événement, et délibérez en paix. Mais
« j'ajouterai tout bas, délibérez vite, car, s'il faut vous
« confier ce secret, la maison de Broglie ou la maison
« Decazes, s'y joignît-il la maison de Fourtou, ne me pa-
« raissent point de force à faire ce que ferait la Maison de
« France. »

On nous a bien souvent répété que si le bon sens de
l'homme de guerre avait parlé et agi ainsi, le Parlement
d'alors lui eût répondu en disant et faisant beaucoup de
sottises ; et quoique la chose n'eût pas été absolument sûre,
néanmoins elle eût été probable. Il y a des moments où
il fait plus clair dans le pays que dans les assemblées ;
plus clair dans les assemblées que dans leurs bureaux ;
plus clair dans les bureaux que dans des commissions où
une voix de majorité ou deux suffisent pour improviser
les conceptions les plus inattendues. En 1873 nous étions
dans un de ces moments-là. Mais victorieuse ou vaincue,
la politique du Maréchal fût restée nette, claire, suscep-
tible d'être reprise, si elle n'avait pas réussi du premier
coup. Tandis que ses trop habiles conseillers lui ont
composé une telle variété de politiques tellement diverses
successivement, et même simultanément, que lorsqu'on
parle de la politique du Maréchal, les plus sagaces et
les mieux intentionnés sont obligés de demander laquelle ?

Le danger est là! On n'a jamais vu les hommes se lever avec ensemble pour des énigmes.

Le 16 mai est une manière d'opération césarienne à l'aide de laquelle les mêmes chirurgiens, qui ont su extraire d'une assemblée monarchique une constitution républicaine, ont entrepris d'extraire de cette constitution, à son tour.... quoi? Mystère, et par conséquent faiblesse.

Ce n'est pas ainsi que les batailles se gagnent en France, parce que ce n'est pas ainsi que s'y remuent les esprits. Nous entendons dire depuis quelques jours autour de nous : « Voyez comme la Providence est bonne; elle décapite l'erreur juste au moment du combat. » Ces illusions font trembler. On ne décapite jamais et nulle part l'erreur par la suppression d'une ou de quelques têtes d'hommes. Les seules erreurs qui ne trouvent plus à se personnifier sont celles à la place desquelles on a mis des vérités. La postérité aura peine à croire que, durant trois mois, tout l'effort de partis se disant sages ait tendu à ramener la crise à une lutte entre la République et M. le Maréchal. Dans un pays dont la grandeur consiste à n'avoir jamais pu être mis en mouvement que par des idées vraies ou fausses, réduire tout à un duel entre une idée, même fausse, et un homme! Témérité périlleuse!

Heureusement, plus nous approcherons du moment décisif, plus l'inanité de la combinaison apparaîtra, et mieux on comprendra la nécessité de l'établissement des conservateurs sur le terrain d'un ordre moral plus réel que celui dont la France a souri. Les coalitions de principes contradictoires sont faites pour s'évanouir; — la contradiction c'est le néant; — tandis qu'à ceux qui veulent la légimité peuvent se joindre sans contradiction ceux qui la préfèrent.

Cinq semaines nous séparent des urnes. C'est chez nous deux fois plus qu'il n'est nécessaire pour que les gouvernants, et à leur défaut les gouvernés aient le temps de se raviser, de rectifier leur tir, et de changer cet étrange combat actuel de quelque chose contre quelqu'un en un combat plus sérieux : celui de quelque chose contre quelque chose, d'un principe contre un principe, d'une erreur contre une vérité, et, pour tout dire, de la République contre la Monarchie.

LE ROI

Les temps prédits par Montesquieu sont arrivés; plus terribles encore que son génie ne les avait prévus. Car si les armements excessifs de la Prusse, de l'Autriche et de ce qu'on appelait encore le czar de Moscovie étaient déjà à ses yeux ce que l'Europe contenait de plus effrayant, quel cri d'alarme n'eût-il pas jeté à la seule pensée que notre Révolution éclaterait et que des gouvernements qui ne se croient pas révolutionnaires, lui emprunteraient ce qu'elle a produit peut-être de plus funeste?

De la levée en masse des Jacobins et du militarisme du grand Frédéric est né pour l'Occident un état social dans lequel pas un Allemand, pas un Français, pas un Italien, pas un Hollandais, pas un Belge, pas un Grec, pas un Bulgare, pas un Moldave, pas un Turc ne peut plus travailler autre ment qu'un fusil en bandoulière. Aussi depuis que cette existence est devenue celle des sociétés civilisées, et que les guerres se sont changées en chocs de peuples, un cri s'échappe de toutes les poitrines : La paix; et la tendance universelle est de substituer à la force des armes celle d'une sorte de raison européenne dont les souverains deviendraient plutôt les hérauts que les maîtres.

Mais dans ce conseil amphyctionique de l'Europe, un Etat et un Etat nécessaire manquera jusqu'à ce que M. Gambetta et les politiques du café Procope aient renversé l'empereur d'Allemagne, l'empereur d'Autriche, l'empereur de Russie. Et même tous ces détrônements accomplis, la seule différence serait qu'au lieu d'un conseil incomplet, il n'y aurait plus de conseil du tout; des pouvoirs qu'on crée le matin pour les frapper de suspicion à midi et de déchéance le soir, n'inspirant point une confiance suffisante pour les choses dont l'exécution doit être ajournée au lendemain.

Jamais on n'atteindra avec ces improvisations éphémères l'idéal qui se dégage si aisément des vœux de l'Europe chrétienne et civilisée. Il y faut des souverains véritablement enracinés par les siècles dans le respect des peuples et dans celui qu'ils se portent à eux-mêmes, et gouvernant souverainement sous le regard d'un esprit public d'autant plus réel, puissant et libre, qu'il sait mieux la valeur des lois fondamentales par lesquelles il est contenu dans sa sphère.

Vouloir remplacer ces souverains par le produit quotidien des barricades ou des émeutes est une pure et simple extravagance au-dessous de laquelle il n'y en a qu'une : celle qui consiste à faire des empires, c'est-à-dire à décorer du nom de majestés éternelles des dieux qu'on vient de se tailler soi-même dans la forêt. Car impuissantes à se prendre et à se faire prendre au sérieux, ces malheureuses majestés recourent fatalement à la force pour remplacer la confiance qui manque; et plus les titres dont elles se sont écrasées sont gros et lourds à porter, plus il faut de sang pour mettre à flot leurs embarcations fragiles. Mais comment ne pas excuser les peuples de ne plus entendre ces choses, quand ceux dont c'est le métier de les savoir ne les comprennent plus? Il y a du joueur dans le diplomate. Il spécule sur tout. Le lendemain du 2 Décembre, les représentants des gouvernements étrangers à Paris rayonnaient : on eût dit qu'ils avaient gagné une bataille. L'un d'eux que nous connaissions particulièrement vint à nous, nous fit son compliment de l'heureux événement, et fut mal reçu : c'était, hélas ! l'ambassadeur du Roi de Naples.

Le désarmement relatif de l'Europe ne s'obtiendra qu'au moyen de l'uniformité introduite dans la représentation de l'Europe; et dans un congrès de souverains légitimes, la France ne peut être représentée intégralement que par un souverain y siégeant au même titre. Autrement, l'honneur ou le sang français, quelquefois les deux, font les frais de ce qui

manque, et dans la proportion exacte de ce qui manque. Roi
légitime de la Révolution, Henri V n'eût point suffi à la tâche ;
mis aux voix comme un empereur, il en fût devenu incapable
entièrement. Les Morbihannais l'ont dit très-sagement à l'Assemblée constituante, dans une pétition[1] qui ne passa pas
inaperçue : « Reconnaissez, déclarez la monarchie ; ne la
décrétez point ; revenez au 9 août, veille du 10, et non au 11,
et surtout gardez-vous d'élire ou de laisser élire un souverain. » Prescription qui n'était pas seulement du patriotisme,
mais du pur bon sens.

Tout le monde sent ce que l'adoption des couleurs de l'écha-
faud de Louis XVI eût fait perdre au Roi de France à l'étranger.
A l'intérieur, la confusion que cette langue symbolique, seule
accessible à tous, eût laissée ou plutôt introduite à nouveau
dans les esprits, fût devenue un bien autre péril. Quand on
veut imprimer l'idée de tradition et de perpétuité, on n'écrit
pas indépendance et caprice. Quand, afin d'obtenir que la
raison publique règne en fait, on veut que la maison souve-
raine règne en droit, on ne stipule pas que le dernier mot
appartiendra à la moitié plus un de tel ou tel collége ou de
telle ou telle Chambre. Quand on veut finir la Révolution, on
n'arbore pas le signal du commencement de la Révolution. En
rendant à la nation la tradition nationale dont ni le fond ni

1. Voir page 31.

la forme ne sont à lui, le Roi a tenu à exprimer cette tradition dans une langue accessible à tous, au lieu d'exprimer le contraire dans une langue également accessible à tous ; et il a agi ainsi parce que c'est de cette tradition que la nation a besoin, non de son contraire.

On s'est beaucoup trop hâté de croire ou de dire que ces vérités sont au-dessus de l'intelligence des Français d'à présent. Cette intelligence est mise chaque jour à de bien autres épreuves. La Légitimité, qui n'est pas comprise au même degré dans toutes les classes de la société, a des sentinelles avancées dans toutes, et c'est au contact de ces sentinelles, placées dans des rangs si divers, qu'on apprend ce que c'est que la superstition de l'esprit, et combien les lettrés ont de leçons à recevoir de ceux qui ne lisent point ou ne lisent guère.

En octobre 1873, ceux qui ne connaissaient point M. le comte de Chambord crurent un moment que la sagesse de *Figaro* avait réformé celle du petit-fils de saint Louis. Pendant les huit jours que dura l'erreur, les salons, toujours habiles à trouver facile et honorable ce qui leur plaît, retentirent de phrases à effet et de traits d'esprit tendant à prouver que le Roi devenant bleu restait blanc, et que bleu il ne se contredisait point, quoique ayant été blanc toute sa vie. Mais dans le peuple légitimiste, la souffrance fut profonde et l'inquiétude vive. On ne reconnaissait plus le Roi. On tremblait pour lui. Un instinct d'une étonnante sûreté avertissait qu'une irréparable faute venait d'être commise. Ainsi sentaient ces pionniers de la tradition légitimiste, qui la voulaient intacte. Mais est-on bien sûr que leur impression ne fût pas devenue promptement contagieuse, et ne se cache-t-il pas quelque chose de cette impression dans la frayeur qu'inspire de plus en plus la tradition contraire ?

Une vie déjà longue passée dans l'étude de l'esprit humain nous a tellement familiarisé avec ses hardiesses, que très-peu parmi les plus hardies nous étonnent. Nous trouvons presque simple que dans un pays réputé l'un des plus spirituels du monde, des jongleurs, après s'être emparés du pouvoir, de jour ou nuitamment, posent aux sujets conquis cette question : « Ma maison, ou point de maison du tout ! » certains d'avance de la réponse : « Hélas ! celle où nous sommes. » Tous les usurpateurs ont procédé ainsi. Rien donc de bien nouveau dans l'invention de ces effroyables loteries électorales ou plébiscitaires, le soir desquelles un grand peuple se rassemble, éperdu, pour savoir s'il a gagné ou de la honte, ou du sang, ou les deux, comme il arriva au plébiscite de 1870, si rapidement suivi de la catastrophe. Mais ce qui dépasse la mesure ordinaire de l'effronterie et touche au sublime du genre, c'est de déclarer aux victimes de cet étrange amusement que le jeu leur plaît et que c'est eux qui le demandent.

On dit du Roi qui n'a pas cru à ce goût bizarre : « Comment

jugerait-il ce qui nous plaît ou nous déplaît? Il est si loin! »
C'est vrai; il est loin. Mais nous, nous sommes si près! Quand
il s'agit d'apprécier un événement contemporain, les plus sages demandent qu'on attende, et pour justifier leur opinion ils
se servent de cette même formule : « Nous sommes trop près. »
C'est que le temps, l'espace, choses divines après tout, influent
sur nos jugements, s'aident, se complètent et même quelquefois se remplacent. La distance place, comme l'éloignement
des âges, au point de vue de la postérité; et qui peut douter
par exemple, aujourd'hui, que la sagesse avec laquelle le Roi a
laissé sortir du Royalisme de 1873 ce qu'il contenait de Répu-
blicanisme, n'ait pas été plus clairvoyant mille fois que la politique agitée qui trouvait tous les mouillages sûrs et toutes les
ancres solides?

Est-ce à la sérénité calme de cet éloignement que l'héritier
de tant de Rois a dû la sureté du jugement qu'il a porté sur ce
pays? ou bien est-ce à la constante élévation d'une âme qui
confond dans un même culte Dieu et la France? Nous ne
savons. Mais ce qui est certain, c'est qu'il a démêlé avec une
sagacité providentielle ce qui manque à ce pays et ce qu'il a en
trop; et tracé ainsi à tous les yeux les lignes d'un grand
règne.

Dans les époques de transition comme celle où nous sommes, les aspirations les plus positives ne s'affirment que par
des négations. Ainsi quoi de plus paradoxal que de dire que
la France est affamée de respect et de justice? Et cependant
rien de plus vrai. Où méprise-t-on plus qu'en France? Est-ce

la Droite qui méprise le plus, ou est-ce la Gauche? Vit-on jamais pareille ardeur de mépris dans les meilleurs jours? Et qu'est-ce que le mépris, sinon la souffrance du respect perdu, du respect pour lequel l'homme est fait et qu'il cherche aussi longtemps qu'il respire?

Quand un fils de la blonde Albion, après avoir parcouru les journaux français, conclut avec le flegme britannique: « Gauche folle, c'est la Droite qui le dit. Droite folle, c'est la Gauche qui l'affirme. Droite folle; Gauche folle; Nation folle, » le fier étranger se trompe assurément. Il n'y a de fou en France qu'une manière de droit divin révolutionnaire qui n'a pas cent ans de date et dont les grands prêtres semblent chargés de faire oublier par leurs excès les abus de l'ancien régime. C'est cette folie, et cette folie seule, qui nous force à passer la Manche pour aller admirer quoi? Une nation supérieure à la nôtre? Non. Un peuple capable de supporter ce que nous supportons sans en mourir vaut tous les autres. Mais des institutions sur lesquelles du temps de nos grands-pères seulement le dernier des Français eût rougi de jeter un regard d'envie.

« Vous avez vos Lords, disait le Français d'alors aux An-
« glais; nous, nos Rois; vous, votre Église anglicane; nous,
« notre Église catholique; vous, vos libertés protestantes, y
« compris celles des Irlandais jouissant de l'ostracisme à l'in-
« térieur, et celles des réformateurs de la Réforme forcés de
« s'expatrier pour rester dissidents. Nous avons, nous, la pa-
« cification religieuse qui, commencée par un Roi qui s'appe-

« lait Henri, vient d'être achevée par un Roi qui s'appelle
« Louis XVI. »

Les rôles ont changé depuis le temps où les Français de
toutes les conditions tenaient ce langage. Chez nos voisins, les
sages libertés, dont chez eux comme chez nous la même insti-
tutrice, l'Église, avait posé les assises, ont donné ce qu'on at-
tendait d'elles. Le viril bon sens anglais s'est formé. Les ex-
travagances qui bouleversent ailleurs excitent à peine son
sourire. L'Internationale ne l'effleure même pas ; et quand le
spectre noir du continent vient fouetter les vitres de West-
minster, cherchant à y entrer par les fenêtres, — car les por-
tes lui sont fermées depuis longtemps —, la verve d'hommes
d'État protestants le bafoue et le ridiculise à nous faire envie.
Tandis que chez nous.... Mais croit-on que ce contraste ne
provoque de ce côté-ci du détroit aucune réflexion humiliante ?
Quelqu'un disait à l'Assemblée nationale de 1848 : « Le res-
« pect s'en va. — Hélas ! non, répondit Charles de Rémusat,
« ce qui s'en va, c'est le respectable. » Il avait raison. La fuite
du respectable n'a point détruit chez nous la puissance, le
besoin, ajoutons la nécessité suprême de respecter, et cette
nécessité suprême, nul ne l'a comprise comme celui dont le
droit historique fait le Roi de France. Il ne s'est pas trompé
sur le but ; il ne s'est pas trompé davantage sur les moyens
d'atteindre le but. Car y aurait-il dans le monde, à l'heure
présente, une parole d'homme et de souverain plus respectée
que la sienne ?

Nous ne souffrons pas seulement de ce qui nous manque. Nous périssons par l'abondance de ce que nous possédons avec excès. Deux choses nous tuent : le nombre des candidats au trône, le nombre des candidats aux places ; et ce que M. le comte de Chambord a trouvé moyen de faire au fond de l'exil, ce que Roi il ferait contre ces deux funestes industries mérite au plus haut degré l'attention de ceux qui aiment leur pays.

D'abord, pour ce qui concerne les candidats au trône, en refusant d'être un de ces candidats, il nous a à peu près délivrés de tous. Que la couronne soit placée aujourd'hui sur son front, c'est la main des siècles, et leur main seule, qui l'y aura posée. Point de Laffitte, point de Lafayette pour répondant ni pour parrain. Point de trône octroyé, point d'élection. Le magistrat qui déclare le droit ne le fait pas. Et il doit en être ainsi ; car ce n'est pas la fantaisie des Français d'à présent que représente ce cercle fermé, symbole de la perpétuité ; c'est la loi fondamentale qui était celle d'hier et qui est reconnue pour celle d'aujourd'hui, afin qu'elle reste encore celle de demain.

En tout ceci, nul droit divin, dans le sens étroit du mot, nulle sainte ampoule ; et le Roi guérirait bien autre chose que des écrouelles, en venant écraser les compétitions sous le poids de douze siècles. La science constate que le temps est quelque chose, voilà tout. Elle revient de funestes erreurs, en convenant que la tradition ne s'invente ni ne se remplace ; et que de même qu'il y a telle formule savante et expérimentée qui sauve, et telle autre non moins savante, mais très-peu et très-désastreusement expérimentée, qui ne sauve pas, de même il y a telle monarchie qui inspire confiance et respect au dedans et au dehors, et telle autre qui produit un effet tout différent. Si noble et si pure que soit la personnalité du prince, elle disparaît dans cette qualité de loi vivante. Une vérité n'est pas une personne. Il n'y a pas plus de candidat qu'il n'y a de patron. Après deux ans d'hésitation qui ne s'expliquent que trop, pas un prince de la Maison royale n'a refusé de reconnaître dans la tradition nationale maintenue à cette hauteur son honneur, son devoir, son droit, son asile, et, plus que tout cela, le salut de la France. Les candidats ont disparu pour ne plus reparaître dans la maison de Bourbon, et ceux-là n'existant plus, avec l'aide de Dieu, nous aurons raison des autres.

Les candidats aux places, dangereux appendice des candidats au trône, seront plus difficiles à extirper ; mais qui ne voit que dans ce pays affamé de justice et de bon sens comme il l'est de respect, s'il existe un remède contre cette dangereuse et très-dangereuse suite de l'industrie révolutionnaire, ce remède est dans la suppression de l'industrie elle-même, c'est-à-dire dans le rétablissement de la Légitimité ?

Le jour où un monsieur, un seul monsieur par son unique voix, et une voix monarchiste encore, a mis ce pays en République, s'exposant ainsi à disposer souverainement de l'avenir comme il disposait du présent, il a voué au ridicule l'opinion qui confond la monarchie traditionnelle avec le despotisme sous prétexte que le sort de tous y est décidé par la volonté d'un seul. Le jour où à la suite de ce vote, on a vu la France coupée en deux moitiés, et ces deux moitiés se heurter et se chasser de tous les services publics, dans une lutte homérique dont les garçons de bureaux des ministères ne perdront pas de sitôt la mémoire, la pensée d'un arbitre est venue à beaucoup, et l'attention a été portée comme avec la main sur la manière dont M. le comte de Chambord gouverne son parti, indice clair et sûr de la manière dont Roi, il gouvernerait la France.

Ceux qui s'imaginent ou feignent de s'imaginer que le petit-fils du pacificateur de la Ligue, Henri IV, rentrerait en France pour gouverner avec la coterie A ou la coterie Z, en mettant à la porte la moitié du royaume, ne pensent ou ne parlent pas sérieusement. Une monarchie héréditaire ne se relève pas comme se fabrique un Empire. On ne replante pas un arbre dans son sol natal comme on enfonce un pieu. Le pouvoir en passant de droite à gauche ou réciproquement bouleverse plus d'intérêts et d'existences que ne le ferait le retour à la Tradition de tous. Par la force des choses, la Restauration se réduirait à l'organisation des éléments sociaux actuels et au renversement de classifications de parti qui, nées des dissensions civiles, ne leur survivraient pas.

Paris qui ne se reconnaît guère et s'admire peu, croyons-nous, dans sa municipalité présente, regarderait son image dans de plus fidèles miroirs.

Gauche compacte, Droite compacte comme on dit aujourd'hui, se briseraient pour faire place à d'autres majorités. Le regard dont se toisent des factions rivales n'est pas celui dont une autorité traditionnelle voit la société qu'elle a elle-même contribué à conduire à son état démocratique actuel. La politique d'un Roi de France serait moins étroite que celle d'un ministre d'aujourd'hui. Mais le changement de la loi fondamentale de l'État aurait une autre portée.

Ce qu'il faut à la France, ce sont des Français qui consentent à grandir sans déplacer quelqu'un, et croient qu'on peut, tout en n'étant rien, rester ou devenir quelque chose. Les pouvoirs révolutionnaires ne gouvernent guère en vue de cette nécessité sociale, et ne se préoccupent point du genre de vertu qui y correspond. Comment le feraient-ils? Ils naissent et vivent de la disposition contraire, sauf à en mourir bientôt après.

Plus que jamais, par suite des habitudes prises, quiconque, chez nous, n'émarge pas au budget se croit volé; et de même que pour les Français que la philosophie du dernier siècle nous a faits, la grande difficulté est de se passer de places, la grande difficulté pour une République française ou pour un Roi de France, est de trouver l'une des citoyens, l'autre des sujets qui s'en passent.

Il n'y a pas cinq ans ni dix ans, il y en a quarante que celui qui serait Henri V dirige tout ce qui lui obéit en France en vue de la solution de ce terrible problème. Sous la Monarchie, la foule des concurrents resterait considérable. Mais d'une part trois ou quatre fabriques de gouvernements, aujourd'hui en pleine activité, et toutes munies de leur personnel auraient fermé. De l'autre le service de l'État ressemblerait moins au service de soi-même. On peut en juger par ce que M. le comte de Chambord obtient dès aujourd'hui de ceux qui l'écoutent.

Le pays fait-il appel à ses enfants? Qu'il y ait péril ou non, et surtout, nous avons le droit de le dire, s'il y a péril, le Légitimiste accourt. Arrive l'absurdité du serment imposé par un pouvoir qui a commencé par trahir les siens? Le Légitimiste s'en va. Qui le veut ainsi? L'honneur et un prince qui sait comme Montesquieu que la France est une Monarchie et que le ressort de cette Monarchie est l'honneur. Mais voilà que le serment tombe, enseveli sous les ruines auxquelles il a contribué. Le Légitimiste reparaît.

Évidemment l'invisible colonel qui ramène au feu son régiment dès qu'il n'y a plus que des coups à recevoir ou à donner pour la France, et qui le retire après a un but. Mais ce but est il bon? Tout cela est-il habile? Oui, puisqu'il faut le dire, c'est habile, non de l'habileté qui remue, mais de l'habileté qui gouverne et fonde; non de celle qui lutte de ruse et de violence sur les tréteaux du plébiscite, mais de celle qui renverse ces funestes tréteaux en dressant devant eux les traditions qui nous en épargnaient autrefois le danger et la honte. « Ah! si cette assemblée n'avait que de l'esprit, nous disait un jour, à la dernière Constituante, M. Saint-Marc Girardin, très-près un instant des Légitimistes et du Roi, qu'il y a longtemps que M. Thiers en aurait fini avec elle! Mais elle possède une autre force, celle qui prend son point d'appui sur l'immuable, afin de résister à l'infinie mobilité des passions et des intérêts, et c'est justement cette force qui est nécessaire à la France. » On ne pouvait mieux dire ; seulement l'heure d'agir venue, le spirituel académicien et d'autres académiciens ses amis eussent pu mieux faire.

Si ce levain conservé avec tant de sagesse et d'autorité par un exilé agissait sur une société moins préparée à en ressentir les effets salutaires, les philosophes pourraient dire : orgueil de caste, et passer dédaigneusement. Mais le respect des institutions et le goût inné de l'ordre sont des vertus plus naturelles encore aux classes qui travaillent qu'à celles qui se reposent. Tandis que les grands couraient les gouvernements, les pensions et les charges, sous la Ligue et la Fronde, comme d'autres aujourd'hui les ministères et les préfectures, les parlements et les échevinages, c'est-à-dire alors le peuple, sauvaient les lois fondamentales de l'État, en connaissant le prix. Nous sommes ce même peuple, et les mêmes vérités qui ne dépassaient pas la portée de nos pères ne dépasseraient pas longtemps la nôtre, si l'on n'employait tous les moyens imaginables pour nous empêcher de les ressaisir. De grandes richesses ou beaucoup de quartiers de noblesse ne sont point nécessaires pour comprendre. Nul n'a encore découvert de combien de mille livres de rente est faite une intelligence, ni à quel degré dans l'échelle des revenus les caractères commencent ou finissent. Il nous a été donné de lire la correspondance intime d'un très illustre étranger qui, venu à Paris sous la Restauration, écrivait au jour le jour ses impressions à sa famille. Il va à la Cour, et les illusions des émigrés à la recherche d'épaves encore si récemment englouties le font un peu sourire. Il a rencontré partout en Europe d'aussi grands seigneurs moins occupés. Mais ce qui l'émerveille, c'est de trouver mêlés au plus grand monde, « des savants polis autant « qu'illustres, appartenant aux plus grands corps de l'État, « où ils se rendent à pied ou en omnibus, en reviennent de « même, et font l'honneur de leur pays sans avoir l'air de « s'en apercevoir. Voilà, écrit-il à sa femme, ce qui ne se « voit qu'ici. Quand j'entre et que j'ai découvert un de ces « causeurs qui, sans ombre de pédantisme, transportent la « conversation où l'on veut, ma soirée ne m'embarrasse pas. » Et déduisant avec une sagacité merveilleuse toutes les conséquences plus sérieuses de ce mélange des classes, il ne tarit pas sur l'art qu'ont eu nos souverains de faire un seul tout de toutes les grandeurs de la France.

Si le comte R... revenait, il trouverait que l'effroyable instabilité des institutions a emporté avec tant d'autres choses le charme de ses causeries. De quoi voulez-vous que parlent, à quoi voulez-vous que pensent des gens qui ne savent ni ce qu'ils seront ni où ils seront le lendemain? Où allons-nous? Que devenons-nous? Que va-t-il sortir de la bagarre présente? Est-ce Damis qui l'emportera, ou sera-ce Cléon? On n'entend plus que cela; et au lieu de se faire péniblement là-dessus une opinion, les gens sensés préfèrent tirer la leur à la courte paille.

Le Roi et des traditions stables sont nécessaires aux salons pour causer, comme aux philosophes pour penser, aux artistes, aux ouvriers, aux diplomates pour travailler au milieu d'horizons suffisamment larges ; et même les diverses conditions sociales en ont besoin pour se supporter, et les privilégiés de la naissance et de la fortune pour ne se point corrompre.

Quand on nous dit que nous imitons l'Amérique, parce que nous noircissons à Versailles nos galeries historiques de la même fumée de cigare ou de pipe dont les Américains enfument leur Président dans sa Maison-Blanche, on se moque de nous. Les mœurs américaines ont leur raison d'être. L'amphitryon de la Maison-Blanche peut se trouver, comme le président Lincoln, un ancien fendeur de bûches, à qui il coûterait de renoncer aux habitudes de sa vie des bois. Mais elle fend au moins quelque chose, cette démocratie véritable : des bûches, des mers, des steppes et des rochers; tandis que notre démocratie aristocratisée ou notre aristocratie démocratisée ne fend rien du tout, et perd ses qualités traditionnelles en en poursuivant d'autres qui ne seront jamais les siennes.

Où le métier d'aristocrate a-t-il été jamais plus doux que dans nos Républiques et nos Empires, où l'on garde tout ce qu'on peut du passé monarchique en en supprimant tant qu'on peut les charges? Moins il reste de lest dans l'État, plus les familles sentent le besoin d'en avoir et en veulent. Jamais la notoriété vraie ou supposée des noms n'a été cotée plus haut que sous les gouvernements qui laissent croire qu'on reste tout ce qu'on est en faisant tout ce qu'on veut. Jamais facilité plus grande ne fut donnée pour monnoyer un titre; si bien qu'il faut un vrai miracle du vieil honneur pour que les hommes de l'ancien régime ne s'accommodent pas des commodités infinies de ce régime nouveau.

Ils n'en veulent pas cependant; ils en ont peur; ils appellent le Roi; et en cela la fidélité les inspire bien, et pour le pays et pour eux-mêmes.

Pour eux, parce que tout privilége, même à l'état de simple privilége d'opinion, quand il n'oblige plus, corrompt.

Pour le pays, parce que le propre de tous les gouvernements révolutionnaires est de retarder l'unité et la paix sociale promises par les auteurs de la Révolution, et que nous attendons encore. Sous l'ombrage du chêne légendaire de saint Louis, ombrage qui abrite des siècles, les reflets du passé, les espérances anticipées de l'avenir adoucissent les teintes du présent. Les années donnent du prestige à ce qui est vieux, et ce qui est jeune semble déjà avoir de l'âge. Au pied des échalas que nous plantons et où nous nous disons à l'ombre, l'ardeur des convoitises concentrées dans l'espace d'une seule génération colore toutes choses de tons criards et durs dont le contraste offense les gens de goût et irrite le pauvre.

Le petit-fils de saint Louis n'a point voulu laisser remplacer le chêne par l'échalas. Folie sublime!... ont dit à ce sujet des gens d'esprit, copiant, sans le savoir, Voltaire, qui, lui aussi, a défini Pascal : fou sublime, comme si l'on pouvait être sublime étant fou, ou fou étant sublime. On sait ce qui est arrivé pour Pascal. La postérité a supprimé la première moitié de la définition, en gardant seulement la seconde. De même, nous tenons pour bonne la réponse qui a été faite aux gens d'esprit en question, quand on leur a représenté que le sublime ne serait jamais insensé en France.

Et en effet, déjà un retour se fait. M. le comte de Chambord n'est point au niveau de la foule, ce qu'elle ne pardonne guère. Mais il y a deux manières de ne pas être au niveau de la foule, c'est d'être au-dessous ou d'être au-dessus. De ces deux hypothèses, la première n'a pas fait doute d'abord pour la foule, ce qui ne doit surprendre personne. On en est aujourd'hui à l'examen de la seconde, et aux yeux des plus froids observateurs il devient de plus en plus douteux que ce soit pour rien que la Providence, peu prodigue de grands caractères et de grandes intelligences à cette époque, ait réuni à ce degré caractère et intelligence dans le chef de la plus illustre, de la plus brave et de la plus nombreuse Maison royale qui existe. Pas une des vérités, pas une des vertus faites pour agir sur la Droite et sur la Gauche, et sur la Gauche à un moment donné autant et plus que sur la Droite, n'a subi une altération ni ne s'est obscurcie d'un voile. Et tandis que les Conservateurs se débattent dans une confusion telle qu'il est impossible de savoir si leur but est d'éviter ou de ramener la catastrophe d'un quatrième Empire, la couronne est là, intacte et pure comme au temps de Rocroi; l'héritier de la couronne, prêt; l'héritier des Condé, à la tête d'une de nos armées, et la France maîtresse de disposer de son sort, sous la garde de l'honneur militaire.

Voilà la mise en scène, et en présence de ce plan qui se déroule non point par la main des hommes, mais malgré la main des hommes, nous nous croyons dispensé de répondre à ceux qui disent encore : « Ah! s'il s'était fait le rival de Louis Napoléon! Ah ! s'il lui avait pris ses couleurs ou tout au moins avait caché la sienne! » S'il avait fait cela, il ne serait pas même aujourd'hui là où sont ses détracteurs, car bien des expédients sont mortels pour un Roi, qui ne le sont pas plus qu'autre chose pour leurs remplaçants éphémères, et les couronnes ne se sauvent ou ne se perdent pas de la même manière que se gagnent ou se quittent les présidences et les ministères. A l'heure présente, l'auguste personnification de notre vieux droit national a pris sa place dans nos annales. C'est une création historique que nul n'effacera. Si, contrairement à toutes les prévisions humaines, il venait à ne pas régner, on dirait de lui, comme nous l'avons entendu dire mille fois à ses ennemis même : « Noble Prince, mais qui avait placé le but trop haut; trop grand lui-même pour son époque. » Mais il régnera, et le sentiment qui éclatera sur son passage le jour de son couronnement, pourra se traduire ainsi : « Ame vraiment royale qui comprenait, malgré l'apparence contraire, tout ce qu'on pouvait attendre de la France, de même que Napoléon III avait compris tout ce qu'on pouvait y oser. »

PIÈCE JUSTIFICATIVE

PÉTITION

ADRESSÉE A L'ASSEMBLÉE NATIONALE PAR UN GRAND NOMBRE
D'ÉLECTEURS DU DÉPARTEMENT DU MORBIHAN, EN 1872

MESSIEURS LES REPRÉSENTANTS,

Un grand nombre d'entre vous semble croire que rien ne limite la puissance de l'Assemblée nationale constituante; que vous pourriez faire de la France à volonté :

Une République durable ;

Un Empire viable, c'est-à-dire respectable et respecté ;

Ou telle Monarchie de fantaisie sur laquelle vous parviendriez à mettre d'accord la moitié plus un de vos 750 suffrages.

Si vous croyez cela, Messieurs, pardonnez nous de vous dire que vous vous trompez; et si, ne le croyant pas, vous feignez de le croire par égard pour des faiblesses dont vous nous supposez atteints, vous vous trompez encore.

Pour nous, la France EST une Monarchie traditionnelle, héréditaire, tempérée par des lois constitutives dont l'établissement exige l'accord du Roi et des Mandataires de la nation. Nous sommes Monarchie, parce que les siècles nous ont faits ainsi, comme d'autres grandes nations que l'institution monarchique a conduites où elles sont, tandis que l'absence de toute stabilité nous a menés où nous sommes.

La France étant cela, Messieurs, et non autre chose, votre premier devoir est de le DÉCLARER, parce que vous vous trouvez à l'instant en possession d'un principe que vous n'aurez pas inventé et d'un prince que vous n'aurez pas choisi, seul moyen d'empêcher que la génération qui nous suivra invente et élise à son tour.

Nous vous demandons, en conséquence, Messieurs, de reconnaître et de déclarer :

1° Que la France est une Monarchie traditionnelle, héréditaire, dont les lois constitutives ne peuvent être établies que par le Roi et les Mandataires de la nation;

2° Que la loi fondamentale de la Monarchie française appelle à régner Henri de Bourbon, reconnu et proclamé à ce titre Henri V, roi de France.

Cette déclaration, Messieurs, c'est la France instantanément replacée à son rang dans les Conseils de l'Europe.

Mais c'est surtout, Messieurs, au milieu de vos dissidences qui nous tuent, l'assistance d'un Souverain qui a assez parlé, assez écrit, qu'assez de Français ont vu, entendu, peuvent voir et entendre encore, pour que nous ayons de lui, sans crainte d'être démentis par personne, l'opinion suivante :

Il ne serait pas le roi de ceux-ci ni de ceux-là, mais de Tous, avec une préférence, s'il y en avait une, pour les petits, que la politique chrétienne de sa race a toujours tendu à élever; si bien que nos pères étaient arrivés à conquérir avec le roi ce que sans le roi nous sommes arrivés à perdre.

Voilà pour l'égalité.

Et quant à la liberté, la seule chose que nous craignions du Souverain avec lequel nous vous demandons de délibérer, ce sont des hardiesses de libéralisme que les autorités séculaires seules osent se permettre, parce qu'elles savent ce qu'elles puisent de force dans les traditions qu'elles représentent et dans le respect qu'elles inspirent.

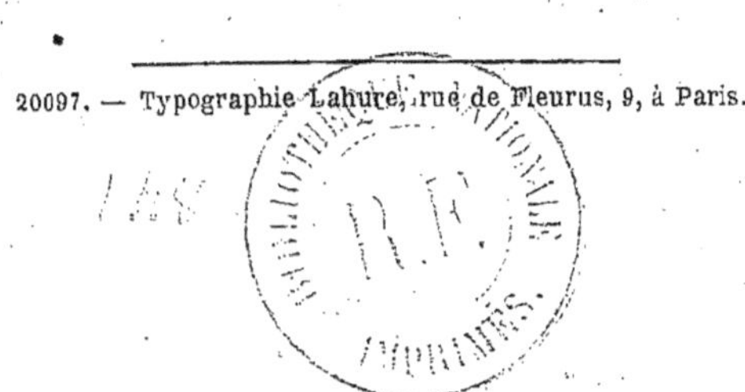

20097. — Typographie Lahure, rue de Fleurus, 9, à Paris.

Typographie Lahure, rue de Fleurus, 9, à Paris.